居酒屋倉鼠

超譯鼠輩哲學②

每天都是天下太平♪

川辺石材的佐藤公亮

倉鼠居酒屋進化中！

～放鬆Power UP～

梵天丸：

肚子餓了吧？

「歡迎光臨！」現在好想立刻去梵天丸居酒屋，
以及掛著昭和風菜單的文太咖啡館！
銀次團隊的店，越來越充實了♡

文太：早安☀
咖啡泡好囉！

COFEE&CAKE
咖啡 文太

menu

格奧爾格王

織田鼠長

文太

梵天丸

虎王

銀次

銀次團隊 倉鼠 &文鳥 介紹

新成員登場，陣容更強大！ 在此介紹銀次團隊的夥伴們！

織田鼠長 （殿下）

東洋日本的殿下，戰國大名*。兼具熱情與天然呆的特性，是隻不會察言觀色的倉鼠。喜歡火爐與安土城。

種族	短尾侏儒倉鼠（紫倉鼠）
療癒LV	♥♥♥♥♡
興趣·特技	收集刀劍

格奧爾格王 （國王）

倉鼠王國的國王，總是吱吱吱吱地很開心，很愛惡作劇卻受人喜愛。看來奢華其實有庶民的一面。

種族	短尾侏儒倉鼠（一般色）
療癒LV	♥♥♥♥♡
興趣·特技	騎淑女車閒逛

虎王 （店主）

銀次永遠的競爭對手，虎王居酒屋的店主，也是建設工地的監工。以苦情臉聞名，吃高麗菜會露出衝擊性的「搞笑表情」。

種族	黃金倉鼠
療癒LV	♥♥♥♥♥
興趣·特技	臉部搞笑、療癒

---

*註：大名，日本封建時代，對較大地域領主的稱呼。

銀次 （店主）

現在已經在天國的傳說──銀次老大，是銀次居酒屋的店主。牠會溫柔地守護著大家的每一天，也經常出現在我們的世界。

種族	短尾侏儒倉鼠（紫倉鼠）
療癒LV	♥♥♥♥♥
興趣·特技	料理、名言

梵天丸 （店主）

銀次老大的第四代繼承人，梵天丸居酒屋的店主。大家經常會把牠跟銀次、文太搞錯，令我覺得很有趣。

種族	短尾侏儒倉鼠（紫倉鼠）
療癒LV	♥♥♥♥♡
興趣·特技	拿刀

櫻花 （店主）

喜歡演歌的文鳥，櫻花居酒屋的店主。私底下會以高速在空中移動，使虎王處於警戒中。是個老菸槍。

種族	櫻文鳥
療癒LV	♥♥♥♡♡
興趣·特技	唱卡拉O.K

還有其他夥伴喔！

雙胞胎的老爺爺。這次也會和銀次一樣，來到現實世界陪我們。

雅樂　和樂

正在鋪床的國王♥

好啦，差不多了……

拉開被子吧……

格奧爾格王

金藏 店主

店裡會播放爵士樂的金藏老闆，是喜歡速食的前男公關。雖然是輕浮系男子，偶爾也會有切中核心的發言。

種族　短尾侏儒倉鼠（黃布丁色）

療癒LV　♥♥♥♥♥♥♥

奧趣・特技　不可思議的發言

彌勒 店主

在Facebook（ハムスターの弥勒）經營森之高級餐廳，很講究店內裝潢，裝飾成南國風餐廳。神出鬼沒。

種族　短尾侏儒倉鼠（純黑三線）

療癒LV　♥♥♥♥♥♥♥

奧趣・特技　異國料理

文太 店主

急躁又挑剔，一旦失去冷靜，就會大肆破壞居酒屋。除了是文太居酒屋的店主，也是昭和咖啡廳以及文太握壽司的店主。

種族　短尾侏儒倉鼠（紫倉鼠）

療癒LV　♥♥♥♥♥♥♥

奧趣・特技　煮冰滴咖啡、跨越櫃台

搞清楚就能樂在其中？ **銀次團隊** 關係圖

| 第一代 傳說中的老大 |
| **銀次** |

虎王 ←對手→ 銀次

另一個次元

織田鼠長　**格奧爾格王**

金藏

一起修行

第二代 **彌勒**

第三代 **文太**

是大家的部下也是照顧者

川辺石材的 **佐藤先生**

希望大家別去在意小事，隨時保持開開心心！

櫻文鳥 **櫻花**

第四代 **梵天丸**

我當上了第四代老大喔！

梵天丸

七

人氣爆發！新角色——殿下・織田鼠長&國王・格奧爾格王。

不會察言觀色的殿下&自由奔放的國王，他們只有一個願望——守護和平！

織田鼠長&格奧爾格王：

「凡是此劍所及之處，絕對不允許有人胡作非為！」

這椅子
還真難坐！
寶座指的就是這玩意兒嗎？

織田鼠長：
你只需要看著前方就好，
在下會盡全力守護你！

格奧爾格王：
只因為是國王，就在後頭威風地指手劃腳，
那是愚蠢至極的行為！
唯有站在第一線才是真正的王！
……嘿咻嘿咻！

織田鼠長：
辛苦了！

格奧爾格王：
聽好了！
在這世間，金錢可不是一切喔！
吱吱吱吱……

織田鼠長：
在下的安土城
挺不錯的吧？

十八

還附澡盆哩！

搭奧爾搭王：
我的城堡是鼠德堡城！
這可是用石頭打造的喔！
連火箭都沒在怕！

十九

織田鼠長：
給我上更多的酒！

在下的安土城挺不錯的吧？對吧？是吧？

織田鼠長

格奧爾格王

哥你好

這傢伙還真是煩啊⋯⋯

搭奧爾搭王：
只要和意氣相投的人在一起，
不論在什麼地方、喝什麼樣的酒，
都能成為一場饗宴。

梵天丸

梵天丸居酒屋的店主，雖然很調皮，卻總是傾聽人們心中的話，是很溫柔的大哥。身為太BIG的師傅與第四代銀次繼承人，他因壓力大而煩惱著，所以會說出很多涵義深刻的話。

盡情展現自我吧！

今天也辛苦了！

雖然做了飯糰‧‧‧‧‧‧

但都被我吃掉了！

梵天丸

嗯‥‥‥‥‥
回過神才發現，我買了一大堆東西。

哎呀，算了！

○頭禪也承自銀次！

文太

不只擔任文太居酒屋的店主，也是昭和咖啡廳、文太握壽司的店主。
很會玩車，帶著自我的堅持自由地生活。
有很多客人會來找文太商量事情。

喂！電視的遙控器
放哪裡去了？
我不能轉台了啦！

你還沒吃早餐吧？
來吃喲！

既復古又
時尚的咖啡廳

虎王居酒屋的店主,也是建設工地的監工,很勤奮。
大叫「好苦啊啊啊啊啊」的表情很有衝擊力,
表情很有傳染力,平常對大家很用心又溫柔。

所有人
都有獲得幸福的
權利

時尚酒吧的店主，城市男孩——金藏。
天然呆，經常說出讓人豁然開朗的話，
很受銀次團隊其他成員仰慕。

金藏

匆匆忙忙也是一天，
悠悠哉哉也是一天。
既然同樣都是一天，
還不如悠悠哉哉地過。
啾啾・・・

烤番薯！

櫻花

不只是倉鼠，這隻櫻文鳥也是我們的同伴。
櫻花居酒屋的店主，別看他那樣，他可是個沉穩的男子。

你偶爾也會有想哭的
時候吧？

彌勒的店是南國風餐廳「森之高級餐廳」。
從異國料理到大碗炸蝦蓋飯,能有如此豐富多樣的菜單,
多虧老闆不斷累積進修的好手藝。

彌勒

泰式酸辣湯!

後 台

以下將公開苦澀又有趣的
碎唸表演後台實況

   製 作 風 景

不論是製作全新的小物，還是擺放市售商品，各個細節都有佐藤先生的堅持，
因此倉鼠的世界才可誕生。

Re-MeNT「袖珍樣品屋系列®」和食三昧（現已不再
販售）的道具。因為很小，要用鑷子來擺放。

失去一切又重新奮起的倉鼠國王，格奧爾格一世。他
似乎很討厭王冠（笑）。

文太居酒屋的布景要花時間等塗料乾，製作期要三天。
出場多次的糖果黏土都是均一價100日圓。♪

文太的車庫布景也是手作的。這是長谷川工業的「蛋
型飛機系列 零戰」。

L I N E 貼 圖 日本發售中♪

第一彈集結上一本書的知名場景，在第二彈中，格奧爾格王與織田
鼠長都會登場。

接續第一彈，由Nikusu先生
擔任插畫家。格奧爾格王的
「號令貼圖」也由他繪製。

LINE
原創貼圖
ハムスターの銀次 搜尋

第二彈的部分貼圖

Nikusu先生的貼圖原畫

攝影大量使用了市售的小模型。出現在本書的小物有些已經無法購得，以下將介紹最近發售的（採訪當時）、與銀次世界很配的小物。

※設計有可能會改變喔。　　※並非預告，而是已經停止販售。

「袖珍樣品屋系列®」老爺爺老奶奶的家

佛壇、黑色電話等昭和時代的小物都大量出現在銀次的店面以及家中。

全部八款，每種都是以人偶、迷你坐墊為一組。在日本的超商、玩具店等處都有販賣。

Re-MeNT
http://www.re-ment.co.jp/

手工牡丹餅

花樣電子鍋

套組中的一部分。
©2015 Re-Ment

盆栽

佛壇

盆栽用剪刀

「扭蛋收藏®」狸貓擺設 ©EPOCH

有這個就能營造蕎麥麵店的氣氛。

在扭蛋自動販賣機專區販賣。
共有八款（其中一種是隱藏版）

（株）Epoch公司
http://epoch.jp/rc/capsule/

醉狸貓

「扭蛋收藏®」小巧玲瓏系列「小鼴鼠」 ©EPOCH

和小生物一起照相好可愛♡

在扭蛋自動販賣機專區販賣。
共有六種

（株）Epoch公司
http://epoch.jp/rc/capsule/

滑翔中（棕色）

- 拍攝倉鼠與袖珍模型，請特別注意不要讓倉鼠吃掉這些小物。
- 倉鼠是很敏感的生物，不要給他們壓力。嚴格禁止用閃光燈拍照與長時間拍照。
  （在《超譯鼠鼠哲學》中，我們會視倉鼠的身體狀況拍攝，所以不是每天都拍攝。）
- 倉鼠靠近同伴或文鳥的時候，主人一定要注意。雙方有可能會因為不合而打架，造成壓力。
- 海報與市面上找不到的商品，可能已經停止販售，或在內容上有所變更。

大家的素顏

平時，大家都是在各自的籠子中過著日常生活。

說夢話……

櫻花與格奧爾爾王的交流？

虎王平時也很搞笑！

喜歡水桶的彌勒

櫻花&銀太的日光浴

睡著的金藏

倉鼠們的春夏秋冬

從滿開的櫻花到燙口的關東煮，四季的回憶總是伴隨著我們

彌勒 & 金藏：
櫻花滿開啊～

春

櫻

梵天丸：
來杯花見
酒吧？

梅雨

虎王：
撐著這把傘出門吧！

編勒：白熊冰*
的季節到了！

夏

*註：白熊冰，一種鹿兒島產的冰品。

七夕

梵天丸：希望大家
的心願都能實現。

梵天丸：今晚會有白兔的宴會吧？

賞月

秋

萬聖節

文太：不給糖，就搗蛋！（笑）

文太：下關東煮囉。

關東煮

搭奧爾搭王：今天真是冷啊，手都凍僵了。

暖爐

冬

銀次大哥Forever

一切都是從銀次大哥開始的。銀次大哥如今已去了天國的居酒屋，以下是他給銀次團隊以及所有粉絲的鼓勵訊息。

銀次：奮發努力於新事物，是一件很棒的事。
一開始或許會被人嘲笑，但要貫徹信念喔！
一定會有人注意到你的長處、優點，
一開始也沒人把我們當一回事啊！

歡迎光臨。！

銀次：今天說不出口的話，
明天一定會更說不出口。
有想說的話就早點說，
至少你不會後悔。

想要獲得鼓勵時

織田鼠長：命運與人生都是靠自我去開拓的！

織田鼠長：世間的真理就是月滿則虧！
愛自己的缺點，你的道路就會拓展開來！

銀次：誰傷害了你？
跟大叔說，別怕！

彌勒：
我這裡有藥喔。

織田鼠長：
即使你看似不在意地笑著，
在下也非常清楚
你內心有多受傷。

織田鼠長：
痛苦的時候啊，
先重新審視自己正在走的路。
還沒有結束，
還有未來與希望唷！

雅樂：「辛」這個字，再添上一筆，
就會變成「幸」！

和樂：那一筆是什麼啊？

（想更努力的時候）

梵天丸：
情況時好時壞，
才是最辛苦的。

梵天丸：
累積無數個當下，
就能抵達終點。

迷惘的時候

彌勒：
來到人生的十字路口，
無論是誰都只能選一條路走，
這時候，世界將會為之一變。

梵天丸：
機會將造訪所有的人。
能否利用機會，即造就不同的結果。
雖然你覺得難得的機會不會再來一次，
但實際上它還會再來的，
所以人生才有趣啊！

虎王：

厭人者，人恆厭之。

所以啊，多多去喜歡人吧！

梵天丸：

你一定要知道，

指責別人時，

你的雙手也會變得髒汙不已。

織田鼠長：
所有的不走運，
都是獻給即將到來的
幸運的供品。

塔奧爾塔王：
只有身處絕望
仍奮發向上的人，
才能獲得神的幫助。

四十九

疲憊的時候

梵天丸：
對人來說，最重要的就是生命吧？
因此，大家要珍惜
生命啊！

格鬥爾格王：
明天大家也要加油喔。
如果有討厭的傢伙，
在下會盡全力猛揍那傢伙的！

銀次：
我們是正義的盟友，
是大家的盟友！

金藏：

你有话出自我哏？

有趣的倉鼠劇場

以「吱吱吱吱」歡樂形象而大受歡迎的格奧爾格王，
有許多可愛又愉快的畫面！

格奧爾格王：舔舔舔舔舔舔舔舔舔
舔舔舔舔舔舔舔舔舔舔舔舔舔舔舔
舔舔舔舔舔舔舔舔舔舔舔舔舔舔舔

※ 牠沒在吃。

咒文也送你（笑）

貝荷瑪●！！
將旺盛的精力
送給大家！

*註：電玩遊戲《勇者鬥惡龍》系列的回復咒語，全文為貝荷瑪珍。

虎王
「高麗菜的故事」

咱們倉鼠雖然對討厭的蘿蔔沒轍，但最喜歡高麗菜了。

先嚐一下味道？不，不可以慢吞吞的，因為會被其他倉鼠搶走哩！

所以要像這樣，嘴巴能塞多少是多少！

嗯嗯嗯！！！

在寒冬中，這個最好了！這應一來就會變得暖和……

好燙燙燙燙燙！！

啾！啾！啾！
啾！啾！啾！
呼！呼！

開玩笑的，別放在心上！

那麼，來去超商吧……

啊！！

滑

啊啊啊啊啊啊啊！！

沒事，別在意，還是回去工作好了。

假日的汽車時光 ♪

銀次團隊對汽車也頗有堅持。
以下將公開黑手文太的車庫！

我會處理車子的
各種麻煩事喔！

開始吧！

倒車監視鏡頭……
管線怎麼拉呢？

正在改造佐藤先生的TOYOTA 86♪

電池好像還能用。

倉鼠的各式收藏

除了介紹私底下很受倉鼠歡迎的武器類，以下也將介紹佐藤先生的短語！

閃光——彈——

「我很怕蟑螂，若要撲滅蟑螂，就會拿出危險物品。」
（佐藤先生）

充滿了回憶‥‥‥

「這是 Nikusu 先生畫給我的銀次與其他倉鼠。晚上小酌時，我偶爾會邊喝邊凝視這張畫。」（佐藤先生）

這是！
斬鐵劍！

閃亮！

鼠長殿下的愛刀是壓切長谷部。梵天丸真的有握住刀喔。有些刀是別人送的，目前數量仍在增加中。」（佐藤先生）

織田鼠長

火盆是特別訂做的!

格奧爾格王

「倉鼠王國的格奧爾格王專用戰車(74式,改造過)。內部全部數位化,沒有操縱桿。」(佐藤先生)

內部長這樣啊!

格奧爾格王:這能確實‥‥‥發射主砲嗎?

嘿～歡迎光臨！銀次團隊的店全年無休營業中！
來坐坐啊～～

文太握壽司：這個禮拜你也很努力呢♪

梵天丸：

這是每季都會提供的菜色吧？

文太：

你喜歡牛排吧？

六十四

彌勒：這是特大份的！

白飯祭

梵天丸：
這暫時還不能吃。

六十五

織田鼠長：好冷喔。

還是生啤酒好喝！

梵天丸：再喝再喝！

文太：這是特製的蜜糖吐司，
吃了甜點就能提起精神了！

文太：這是新作品♪

梵天丸：
好高興呀！

六十九

銀次團隊 with 旅貓

Nikusu先生所畫的倉鼠銀次貼圖廣為人知，藉由他的插畫，銀次團隊與旅貓實現了眾所期盼的會面。在鼠長殿下的安土城，格奧爾格王直接騎著淑女車來到了城門口！

illustration by
Nikusu（にくす）
Twitter → @AKStyleNix

左起為虎王、鼠長、銀次、格奧爾格王、旅貓。

※旅貓：尾巴很長、自由自在的棕色虎斑貓，在pixiv上有公開的一格漫畫正在連載中。

銀次團隊
與
安土城

與倉鼠銀次的 故鄉通信

大家好，我是佐藤公亮，川辺石材的墓碑設計師、顧問兼愛犬

飼育管理員，另外還有劍玉三級的資格喔。

為了宣傳公司，我們開設了Twitter的帳號，並於2015年出版《超譯鼠輩哲學》

一書。

我們所構思的內容，是呈現我們和已經高齡的銀次相處的模樣。

但在終於統整好所有內頁、準備送到印刷廠的那天，銀次就前往另一個世界了。

雖然牠等不到書籍出版，但今後一定也會守護著我們。

在那之後，我們有考慮是否要關閉帳號，但有很多人都很支持我們，而且我們

也有了織田鼠長與格奧爾格王等新成員，所以仍推出了這本續作。

真的很感謝大家。

杜之鄉墓園是銀次長眠之處……才怪，
這只是工作人員的作品。

連石板路都完整重現。

樹葬就由我來介紹！

川辺石材這間公司主要提供的服務項目是販賣墓碑，以及介紹墓園
等具紀念意義的服務。

墓園中雖然沒有葬倉鼠，但備有寵物靈位。

歡迎各位蒞臨指教。

Twitter@kousuke_teppei
部落格
「川辺石材の佐藤公亮　3度目の挑戦」
http://ameblo.jp/sato-lapis-ginji/

格奧爾格王

畫得還真像啊！

追　加　Q.偶爾會在Twitter登場的貓是誰？

A.苦瓜

會為接駁巴士送行，也會陪人
一起掃墓。生日：5月8日，推
測為15歲。

A.小玉

會記住經常來參拜的人與車，
一旦發現那些車，就會現身。
最喜歡鮪魚與蟹肉棒。

銀次

後面的微型麵粉模型也是工作
人員手作的！

新倉鼠登場！
倉鼠歲三（新撰組 副組長）

新撰組副組長，倉鼠歲三登場！
雖然被稱為鬼之副組長，但嚴厲中似乎帶著溫柔？

今天也好冷啊！

特徵：★生日 5月31日 ★興趣 俳句 ★喜歡的食物 黃蘿蔔乾、葵瓜子 ★家紋 左三巴 ★性格 冷酷無情 ★常做的事 襲擊 ★稱號 鬼之副組長 ★流派 天然理心流 ★愛刀 和泉守兼定、大和守源秀國

Twitter→@hijikata777to

新撰組？這種組織……能適應新時代嗎？總之，想要守護百姓的心情，大家都是一樣的吧？

織田鼠長

為了組織，紀律是很重要的。
組規我可以寫得很美喔！

哎呀呀，這個是什麼？

七十五

虎王：

你辛苦了呢！

雖然不知道你發生了什麼事，

但只要能平安回家，

就是最幸福的事。

回家路上要小心喔！

川辺石材的佐藤公亮

川辺石材股份有限公司的墓碑設計師、顧問、愛犬飼育管理員。奉公司之命，於2014年夏天，在Twitter開設帳號ハムスターの銀次，於2015年出版《超譯鼠輩哲學》。追蹤者現已超過九萬人，每天都會將倉鼠可愛的樣貌與饒富深意的佳句分享給粉絲。

Twitter　　@kousuke_teppei
　　　　　　@hijikata777to

編輯・BookDesign　樋口かおる（konekonote）

美味的鰻魚飯！

超譯鼠輩哲學② 每天都是天下太平♪

超譯鼠輩哲學② 每天都是天下太平 / 川辺石材的佐藤公亮作；楊鈺儀譯. -- 初版. -- 新北市：世茂, 2016.12
面；　公分. -- (青鳥；10)
ISBN 978-986-93907-2-9(平裝)
1.哲學
100　　　　　　　　　　　　105021143

青鳥10

作者 / 川辺石材的佐藤公亮　　譯者 / 楊鈺儀　　主編 / 陳文君　　責任編輯 / 石文穎
出版者 / 世茂出版有限公司　　地址 / (231)新北市新店區民生路19號5樓
電話 / (02)2218-3277　　傳真 / (02)2218-3239　　訂書專線(02)2218-7539
劃撥帳號 / 19911841　　戶名 / 世茂出版有限公司　　單次郵購總額未滿500元（含），加50元掛號費
世茂官網 / www.coolbooks.com.tw　　排版製版 / 辰皓國際出版製作有限公司
印刷 / 祥新印刷股份有限公司　　初版一刷 / 2016年12月　　ISBN / 978-986-93907-2-9
定價 / 220元

IZAKAYA HAMSTER NO GINJI MAINICHI GA TENKATAIHEI
© KAWANABE ISHIZAI NO SATOU KOUSUKE 2016
Originally published in Japan in 2016 by KAWADE SHOBO SHINSHA Ltd.
Publishers, Tokyo.
Chinese translation rights arranged through TOHAN CORPORATION., TOKYO.

Printed in Taiwan

筆記欄

筆記欄